W0365824

Mein buntes Vorschulwissen

Erstes Rechnen, Schreiben, Lesen

Illustrationen

Mein buntes Vorschulwissen

Unipart bei area

Copyright © 2002 by Larousse/VUEF

Titel der Originalausgabe: Mon Premier Larousse de l'éveil

Copyright © 2003 für die deutsche Ausgabe by arsEdition GmbH, München
Genehmigte Lizenzausgabe für area verlag gmbh, Erftstadt
Alle Rechte vorbehalten

Einbandgestaltung: agilmedien, Köln
Druckvorstufe: GEM mbH, Ratingen
Printed in Slovenia 2005

ISBN 3-89996-661-9

www.area-verlag.de

Mein buntes Vorschulwissen

Erstes Rechnen, Schreiben, Lesen

unipart

Inhalt

Bei der Auswahl der für Ihr Kind geeigneten Seiten hilft die Farbe der Seitenzahlen hier im Inhaltsverzeichnis:

Leichter **Schwieriger**

Rund ums **Sprechen, Lesen und Schreiben**

Wenn man spricht ... 8-9
Geschichten erzählen 10-11
Wörter bilden Sätze 12-13
SPIELEN UND RÄTSELN 14-15
Die Wörter 16-17
Lange und kurze Wörter 18-19
SPIELEN UND RÄTSELN 20-21
Der, die oder das? 22-23
Eines und viele 24-25
Das Auge, die Augen 26-27
SPIELEN UND RÄTSELN 28-29
Ich und du 30-31
Wann passiert das? 32-33
Gestern, heute und morgen 34-35
SPIELEN UND RÄTSELN 36-37
Fröhlich oder traurig? 38-39
Glücklich oder froh? 40-41
SPIELEN UND RÄTSELN 42-43
Wortfelder 44-45
Was ist das? 46-47
SPIELEN UND RÄTSELN 48-49
Das Alphabet 50-51
Die Buchstaben 52-53
SPIELEN UND RÄTSELN 54-55
Schreiben 56-57
Lesen 58-59
Bücher lesen 60-61
Schrift 62-63
Fremde Sprachen 64-65

Rund ums **Zählen, Rechnen und Messen**

Die Formen 68-69
SPIELEN UND RÄTSELN 70-71
Gleiches zu Gleichem 72-73
Der Reihe nach 74-75
SPIELEN UND RÄTSELN 76-77
SPIELEN UND RÄTSELN 78-79
Was gehört zu wem? 80-81
Die richtige Reihenfolge 82-83
SPIELEN UND RÄTSELN 84-85
Schau genau! 86-87
Links oder rechts? 88-89
Sitzen oder stehen? 90-91
SPIELEN UND RÄTSELN 92-93
1, 2, 3 ... 94-95
Wie viele? 96-97
Richtig zählen 98-99
1, 100, 1000 100-101
SPIELEN UND RÄTSELN 102-103
Mehr, weniger oder gleich? 104-105
Größer, kleiner oder gleich? 106-107
SPIELEN UND RÄTSELN 108-109
Mehr! 110-111
Weniger! 112-113
SPIELEN UND RÄTSELN 114-115
Die Zahlen 116-117
Vom Ersten zum Letzten 118-119
Wie groß bist du? 120-121
Wie viel wiegst du? 122-123
SPIELEN UND RÄTSELN 124-125

Rund um **Uhrzeit, Tag und Jahr**

Tag und Nacht 128-129
Die Erde und die Sonne 130-131
Stunden, Minuten, Sekunden 132-133
Die Woche 134-135
Das Jahr 136-137
Tage, Monate, Jahre 138-139
Die Uhrzeit 140-141
SPIELEN UND RÄTSELN 142-143

Rund ums

Sprechen, Lesen und Schreiben

Wenn man spricht ...

... kann man erzählen, Fragen stellen, Kosenamen sagen, jemanden anfeuern oder etwas vortragen.
Finde heraus, was die Kinder und Erwachsenen auf den Abbildungen jeweils tun.

❶

❷

❸

❹

❺

Lösungen: 1. erzählen, 2. Kosenamen sagen, 3. anfeuern, 4. vortragen, 5. fragen

Wenn man spricht, kann man auch ...

... etwas erklären,

einen Befehl aussprechen,

vor einer Gefahr warnen,

ein Bild beschreiben,

Auskunft geben.

Geschichten erzählen

Bei einer Geschichte ist die Reihenfolge der Sätze sehr wichtig. Wenn man sie ändert, verändert sich die Geschichte.

Goldlöckchen kommt ins Haus der Bären.

Sie trinkt Kakao und zerbricht einen Stuhl.

Sie schläft in einem warmen Bettchen.

Die drei Bären kommen heim und sind wütend.

Goldlöckchen flieht durch das Fenster.

Auf dieser Seite hat sich die Reihenfolge der Sätze verändert. Die Geschichte ergibt keinen Sinn mehr.

Goldlöckchen flieht durch das Fenster.

Goldlöckchen kommt ins Haus der Bären.

Die drei Bären kommen heim und sind wütend.

Sie trinkt Kakao und zerbricht einen Stuhl.

Sie schläft in einem warmen Bettchen.

Wörter bilden Sätze

Beim Sprechen ist die Reihenfolge der Wörter sehr wichtig. Wenn man die Reihenfolge der Wörter ändert, verändert sich auch der Sinn des Satzes.

Ein Hund greift Roman an.

Roman greift einen Hund an.

Ein Cowboy reitet auf einem Pferd.

Ein Pferd reitet auf einem Cowboy.

Wenn der Hahn kräht,
wacht die Sonne auf
und Marie auch.

Wenn der Hahn aufwacht,
kräht Marie
und die Sonne auch.

Wenn die Sonne aufwacht,
kräht Marie
und der Hahn auch.

Wenn man die Wörter einfach irgendwo hinsetzt, ergibt der Satz keinen Sinn mehr.

Luka tritt auf eine Ameise.

Eine Ameise tritt auf Luka.

Tritt eine Luka Ameise auf.

SPIELEN UND RÄTSELN

1

Der Jäger hat Mitleid mit Schneewittchen und lässt sie in den Wald fliehen.

2

Schneewittchen findet im Wald ein kleines Haus und geht hinein.

3

Die Königin fragt ihren Spiegel: „Wer ist die Schönste im ganzen Land?“

4

Die böse, neidische Königin befiehlt dem Jäger, Schneewittchen zu töten.

5

Der Spiegel sagt der Königin, dass Schneewittchen schöner ist als sie.

Lösung: 3, 5, 4, 1, 2

großen spielen Die mit
Kätzchen Ball einem

Frosch Teich Der in
den springt

Straße Der überquert
Igel die

Die Wörter

Man benutzt verschiedene Arten von Wörtern, um über Menschen zu sprechen oder über Tiere, Dinge oder über das, was man tut ...

Jeder von uns hat einen Vornamen. Auch dieser Vorname ist ein Wort.

Fenster · Hocker · Tafel · Stift · Zeichnung · Lehrerin · Tisch · Pflanze · Buch · Schüler

Welches Wort gehört in welches Feld?

Was passt? Ordne die Wörter den Bildern zu.

Suche passende Wörter für die Sätze in den Feldern aus.

Lange und kurze Wörter

Es gibt lange und kurze Wörter. Ihre Länge hat nichts mit dem zu tun, was sie beschreiben.

Lange Wörter können zu sehr kleinen Dingen gehören.

Kurze Wörter können zu sehr großen Dingen gehören.

Natürlich gibt es kurze Wörter, die etwas Kleines bezeichnen,

und lange Wörter, die zu großen Tieren oder Dingen gehören.

SPIELEN UND RÄTSELN

1

Lea schält einen **Radiergummi**.

2

Carla hängt **Affen** auf.

3

Der Schäferhund bewacht die **Knöpfe**.

4

Vier Kinder spielen **Torten**.

5

Leo sammelt das Laub in einen **Kuchen**.

Lösungen: 1. Apfel, 2. Wäsche, 3. Schafe, 4. Karten, 5. Eimer

1

Die Katze schläft **auf** einem Stuhl.

2

Lola isst **Apfelkuchen**.

3

Tom **sitzt** auf einem Stuhl.

4

Julia hat einen neuen **Hut**.

5

Jan geht neben seiner **kleinen** Schwester.

Lösungen: 1. unter, 2. Erdbeerkuchen, 3. steht, 4. Rock, 5. großen

Der, die oder das?

Vor manchen Wörtern sagt man „der“, „die“ oder „das“: der Mann, die Frau, das Kind.

die Wiese, der Himmel, der Traktor, der Rechen, die Sonne, die Ente, der Bauer, das Schwein, der Baum, der Junge

Suche auf den Bildern die Wörter mit „der“, die Wörter mit „die“ und die Wörter mit „das“.

die Schubkarre, die Schaufel, der Mond, das Auto, die Kuh, die Bäuerin, das Huhn

Für Männer sagt man „der“, für Frauen „die“.
Wie sagt man hier?

Der Lehrer

Der Friseur

Der Kater

Die Lehrerin

Die Friseurin

Die Katze

Aber man sagt immer „der Delfin“ und „die Giraffe“, egal ob es Weibchen oder Männchen sind.

Eines und viele

Wenn man von einzelnen Dingen, Tieren und Personen spricht, sagt man „ein“ oder „eine“. Wenn es mehrere sind, setzt man nichts davor oder aber eine Zahl oder „viele“.

ein Kuchen   zwei Kuchen   viele Kuchen

Die Katze und Die Mäuse

1 Luftballon

8 Luftballons

1 Kirsche

4 Kirschen

1 Schuh

4 Schuhe

1 Freund

___ Freunde

Das Auge, die Augen

Man sagt: „das Auge“, aber „die Augen“. Weißt du, wie man bei anderen Wörtern sagt?

das Auge die Augen

das Pferd

die ~~Pferde~~ Pende

die Zeitung

die Zeitugen

das Krankenhaus

die ~~Krankenaus~~ krankenhäuser

Lösungen: Pferde, Zeitungen, Krankenhäuser

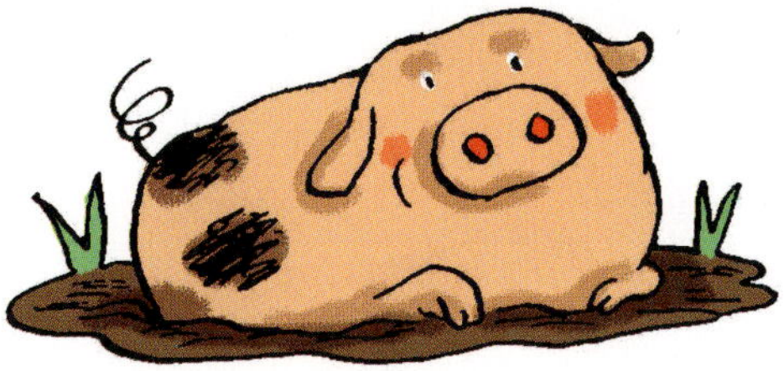

das Tier

die Tiere

das Rauchzeichen

die Rauchzeichen

das Ei

die Eier

das Glas

die Gläser

der Kanal

die ~~Knäle~~ Kanäle

Lösungen: Tiere, Rauchzeichen, Eier, Gläser, Kanäle

SPIELEN UND RÄTSELN

Lösung: die Trompete, der Flügel, die Geige, das Xylofon, die Trommel, die Triangel, die Tuba

Lösung: der Bogen, das Schwert, der Bauernhof, die Puppe, das Motorrad, das Springseil, das Aut

Lösung: das Dromedar, der Löwe, die Giraffe, die Schildkröte, das Zebra, der Elefant, der Pinguin, der Flamingo, der Affe

Ich und du

„Ich“, „wir“, „du“, „ihr“, „sie“, „er“: Diese kleinen Wörter ersetzen häufig die Namen von Personen. Setze das fehlende Wort ein.

Lösungen: Wir, Du

Jonas sagt, dass er Schokolade isst.

Jonas sagt, dass er mit seiner Familie verreist.

Jonas sagt seiner Mutter, dass sie ein schönes T-Shirt hat.

Lösungen: ihr, Sie, Sie

Jonas bittet seine Eltern, mit ihm schwimmen zu gehen.

Jonas sagt, dass seine Schwester sehr gut schwimmt.

Jonas sagt, dass seine Freunde eine Sandburg bauen.

„Mein“, „unser“, „dein“, „euer“, „sein“, „ihr“: Diese kleinen Wörter zeigen, zu wem ein Ding, ein Tier oder ein Mensch gehört. Setze das richtige Wort ein.

Julia sagt, dass ihr Rad einen Platten hat.

Julia und Tim sagen, dass ihre Lehrerin nett ist.

Julia sagt Anna, dass sie ein schönes Kleid hat.

Julia sagt Paula und Ben, dass ihre Mutter kommt.

Julia sagt Paul, dass Anna ihren Mantel anzieht.

Julia sagt, dass ihre Eltern ihr eigenes Bett machen.

Lösungen: Unsere, Dein, Eure, ihren, ihr

Wann passiert das?

Man unterscheidet beim Erzählen, ob etwas gerade passiert, schon passiert ist oder passieren wird.

Das war, **als Sven klein war.**

Das geschieht **jetzt**.

Das wird sein, **wenn Sven groß ist**.

Bringe die Bilder in die richtige Reihenfolge.

❶

Wenn ihre Freundinnen da sind, wird Leonie mit ihnen den Kuchen essen.

❷

Leonie hat für ihre Freundinnen einen Schokoladenkuchen gebacken.

❸

Leonies Mama stellt den Kuchen in den Backofen.

Lösung: 2, 3, 1

Gestern, heute und morgen

Um auszudrücken, wann etwas passiert ist, verwendet man unterschiedliche Wörter.

Die Schule ist aus.
Jetzt spielt Anton.

Vor dem Spielen gab
es Milch und leckere
Marmeladenbrote.

Nach dem Spielen
wird Anton baden.

SPIELEN UND RÄTSELN

Lösungen: 1 c die Katzen 2 d die Lehrerin 3 a der Hund 4 b die Mädchen

Wie verbringt Tom den Tag?
Bringe die Bilder in die richtige Reihenfolge.

1

2

3

4

5

6

7

8

Lösung: 2, 8, 3, 4, 5, 6, 7, 1

Fröhlich oder traurig?

Man kann „fröhlich“ oder „traurig“ sein. Ein Wort bedeutet etwas, ein anderes bedeutet genau das Gegenteil davon. Finde jeweils das Gegenteil der Wörter.

fröhlich

____

unfreundlich

____

sauber

____

drinnen

langsam

____

____

Lösungen: traurig, freundlich, schmutzig, draußen, schnell

schlafen

____

auf

____

schwer

____

hinaufgehen

____

kurz

____

Lösungen: aufwachen, unter, leicht, hinuntergehen, lang

Glücklich oder froh?

Oft gibt es mehrere Wörter, die das Gleiche bedeuten. Suche für jedes Bild ein anderes Wort.

glücklich oder ________

Auto oder ________

Zweirad oder ______

Zauberer oder ________

Jacke oder ________

hübsch oder ________

erstaunt oder ________

lustig oder ________

Lösungen: froh, Wagen, Fahrrad, Magier, Blazer, schön, verwundert, witzig

Finde zu jedem Bild ein anderes Wort, das aber trotzdem das Gleiche oder etwas sehr Ähnliches bedeutet.

1. springen

2. Schaufel

3. winzig

4. köstlich

5. fressen

6. gucken

Und weiter gehts! Es macht Spaß, immer neue Wörter zum Austauschen zu finden.

7. schnell gehen

8. zuhören

9. eintauchen

10. mogeln

11. Arzt

12. Martinshorn

Lösungen: 1. hüpfen, 2. Schippe, 3. klein, 4. lecker, 5. futtern, 6. schauen, 7. sich beeilen, 8. lauschen, 9. hineinspringen, 10. schummeln, 11. Doktor, 12. Sirene

SPIELEN UND RÄTSELN

Lösungen: 1/5, 2/8, 3/9, 4/11, 6/10, 7/12

1 dick

2 reparieren

3 viel

4 kalt

5 dünn

6 verkaufen

7 schließen

8 kaputtmachen

9 wenig

10 kaufen

11 heiß

12 öffnen

Wie kannst du auch sagen?
Ersetze das fette Wort.

Claire **betrachtet** sich im Spiegel.

Alexanders Mutter ist **sauer**.

Das **Boot** schwimmt im Meer.

Alexander **trägt** eine schwere Tasche.

Leon **schläft** im Zelt.

Alexander hüpft vor Freude **hoch**.

Lösungen: schaut sich an, wütend, Schiff, schleppt, übernachtet, in die Luft

Wortfelder

Wörter können Gruppen bilden, die mit einem Ding oder einer Tätigkeit zu tun haben. Sie können ähnlich klingen – oder nicht.

Apfel

Apfelbaum

Farbe

malen

____

Zeichnung

____

____

Lastwagen

____

____

Lösungen: Bild. Zeichnen, Zeichner. Lastwagenfahrer, Kleintransporter

Flugzeug

____

Luftfahrt

Zahn

____

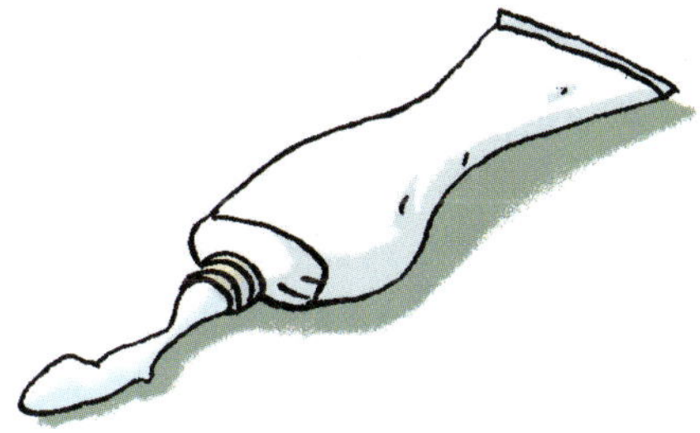

____

Magie

Zaubertrick

____

Hund

____

____

Lösungen: Pilot. Zahnarzt, Zahnpasta. Zauberer. Hündin, Welpe

Was ist das?

Ein Wort beschreibt oft eine Gruppe verschiedener Dinge. Finde ein Wort, das zu allen Bestandteilen des Bildes passt.

Ein Sessel, ein Bett, ein Schreibtisch, ein Stuhl, ein Sofa, eine Kommode, ein Tisch, ein Hocker sind alles ________.

Lösung: Möbel

Eine kurze Hose, ein Mantel, ein Rock, eine lange Hose, ein Regenmantel, eine Bluse sind alles ________.

Lösung: Kleidung

Eine Schokoladen-
creme, eine Torte, ein
Kirschauflauf, ein Eis,
Früchte sind alles
________.

Ein Kahn, ein Motorboot, ein Fischkutter, ein Segelboot,
ein Ruderboot sind ________.

Lösung: Nachtisch, Schiffe

Eine Mücke, ein Marienkäfer, eine Biene, eine Wespe, eine Ameise,
eine Fliege sind alles ________.

Lösung: Insekten

Ritter | Hüttenschuh | Spieler | Huhn

Spielzeug | Panzer | Hühnerstall | Schuhgeschäft

spielen | Hahn | Schubkarre | Kopf

Hausschuhe | reiten | Karre | Kopfkissen

Lösung: Ritter, reiten. Hüttenschuh, Schuhgeschäft, Hausschuhe. Spieler, Spielzeug, spielen Huhn Hühnerstall Hahn Schubkarre Karre Kopf Kopfkissen Panzer steht allein

Dieser Kahn ist ein kleines ________.

Kirschen sind ________.

Der Papagei ist ein ________.

Margeriten sind ________.

Kartoffeln und Karotten sind ________.

Die Tanne ist ein ________.

Lösungen: Boot, Früchte, Vogel, Blumen, Gemüse, Baum

Das Alphabet

Wörter werden mit Buchstaben geschrieben. Unser Alphabet hat 26 Buchstaben. Findest du den Anfangsbuchstaben deines Namens?

K L M N
O P Q R
S T U V
W X Y Z

Die Buchstaben

Suche für die Kinder in den Kreisen Vornamen aus, die mit dem Buchstaben auf dem Schild beginnen.

Zum Beispiel: Marie, Marek, Merle, Manuel, Mia

Zum Beispiel: Bertram, Bea, Bernhard, Barbara, Boris, Lisa, Lola, Leon, Luis, Lea

Lösung: Astronaut, Akkordeon, Ananas

Lösung: W: Wal, F: Flasche

Lösung: Brief, Bücher, Brille

Schreiben

Im Laufe eines Tages kann man sehr viel schreiben.

Adressen und Telefonnummern

lustige Botschaften

die Hausaufgaben

einen Einkaufszettel

die Anmeldung zu einem Ferienkurs

eine Postkarte

eine Liste der
Geburtstagsgäste

Gedanken ins Tagebuch

das Datum

eine Nachricht für die Eltern

eine E-Mail an einen Freund

eine Nachricht auf einen Klebezettel

eine Einladung
zu einer Party

Lesen

Im Laufe eines Tages kann man auch sehr viel lesen.

ein Buch

ein Plakat

eine CD-Rom

eine Verpackungs-Aufschrift

eine Speisekarte

einen Brief

ein Schild

eine Gebrauchsanweisung

einen Plan

eine Zeitung

ein Programm

Bücher lesen

Welche Bücher magst du am liebsten?

In **Bilderbüchern** sind viele Bilder und wenig Wörter.

In einem **Roman** sind viele Wörter und wenig oder keine Bilder.

Ein **Sachbuch** ist ein Buch, das Dinge erklärt.

In der Schule lernt man aus **Schul-büchern**.

Ein **Comic** erzählt mit Bil-dern und Sprech-blasen eine Geschichte.

Schrift

Finde heraus, was in Druckbuchstaben, in Blockbuchstaben und in Schreibschrift geschrieben ist.

1/2: Blockbuchstaben, 3/5: Druckbuchstaben, 4: Schreibschrift

Druckschrift in Büchern und Zeitungen kann ganz unterschiedlich aussehen.

Guten Tag

Guten Tag

Guten Tag

Guten Tag

Guten Tag

Guten Tag

Fremde Sprachen

Auf der Welt werden Tausende verschiedener Sprachen gesprochen. Nicht alle werden so wie unsere geschrieben. Rate, was die Leute sagen!

Spanisch Englisch Portugiesisch Schwedisch Italienisch Französisch

Lösung: Alle sagen: „Guten Tag!“

Rund ums Zählen, Rechnen und Messen

Die Formen

Kennst du die Namen der verschiedenen Formen?

das Quadrat

das Rechteck

der Kreis

das Dreieck

die Raute

Lösungen: Quadrat, Rechteck, Dreieck

Lösungen: 1. Würfel: Hocker des Elefanten, Würfel des Jongleurs, 2. Kreise: Reifen, Räder, Verzierung des Hockers

Körper haben andere Namen:

der Würfel

die Kugel

die Pyramide

der Kegel

der Zylinder

Suche die 6 Formen und Körper, die in der Zirkusarena versteckt sind!

3. Kegel: Clownshüte, 4. Kugel: Ball des Akrobaten, 5. Rauten: Kostüm des lila Clowns, 6. Dreieck: Triangel des Clowns

SPIELEN UND RÄTSELN

1 Jongliert dieser Dinosaurier mit Würfeln oder mit Rechtecken?

2 Bilden die Schaufeln Dreiecke oder Rauten?

3 Hat der Lautsprecher die Form eines Kegels oder einer Pyramide?

4 Haben die Zähne dieses Monsters die Form von Quadraten oder Rechtecken?

5 Haben die Blasen die Form von Kugeln oder von Würfeln?

Lösungen: 1 Würfel 2 Dreiecke 3 Kegel 4 Rechtecke 5 Kugeln

Suche in diesem Bild die 2 Zylinder und die 4 Pyramiden!

Gleiches zu Gleichem

Wenn man aufräumt, tut man die Dinge zusammen, die einander ähnlich sind.

Julia hat ihre Kleider aufgeräumt. Aber sie hat einen Fehler gemacht. Welchen?

In welche Kisten gehören die drei Dinge in der Mitte?

Lösung: Sie hat einen Mantel zu den Hosen gehängt

Lösung: 1a, 2c, 3b

Wo muss Rosa diese beiden Karten ablegen?

O je! Alle Karten sind durcheinander geraten!

Lösung: Das Herzass gehört zu den anderen Herzkarten, das Kreuzass zu den anderen Kreuzkarten.

Der Reihe nach

Auch Verschiedenes kann man sortieren.

❶ In welcher Reihenfolge hat der Fotograf die Kinder aufgestellt?

❷ In welcher Reihenfolge sind diese Tiere abgebildet?

Lösung: 1. der Größe nach, 2. der Schnelligkeit nach: vom Langsamsten zum Schnellsten

❸ Wie sind diese Bäume angeordnet?

❹ In welcher Reihenfolge stehen diese Kinder?

Lösung: 3. der Größe nach, 4. vom Jüngsten zum Ältesten

SPIELEN UND RÄTSELN

Lösung: Bei Familie Hut ist die Tochter von Familie Seemann. Bei Familie Seemann ist der Sohn der Familie Hut. Bei Familie Mürrisch ist Tochter Brillenglas. Bei Familie Brillenglas ist Oma Mürrisch.

Lösung: fliegen

Hirsch, Hase

Wald

Löwe, Affe, Giraffe

Savanne

Pinguin, Walross, Eisbär

Packeis

Löwe

Pinguin

Affe

Hirsch

Giraffe

Walross

Eisbär

Hase

SPIELEN UND RÄTSELN

Lösung: Zwischen dem Obst ist ein Fisch. Ein Apfel ist bei den Flaschen. Eine Flasche ist bei den Konservendosen. Schau

Lösung: 3, 4, 2, 1

Ans Meer: 7, 9, 10, 12, 13, 17, 19, 24, 25, 26, 27, 30. In die Berge: 1, 2, 3, 4, 5, 6, 8, 11, 14, 15, 16, 18, 20, 21, 22, 23, 28, 29, 31

Was gehört zu wem?

Finde den Beruf der drei Männer heraus. Welche Dinge sind am falschen Ort?

Das Stethoskop braucht der Arzt, nicht der Konditor.

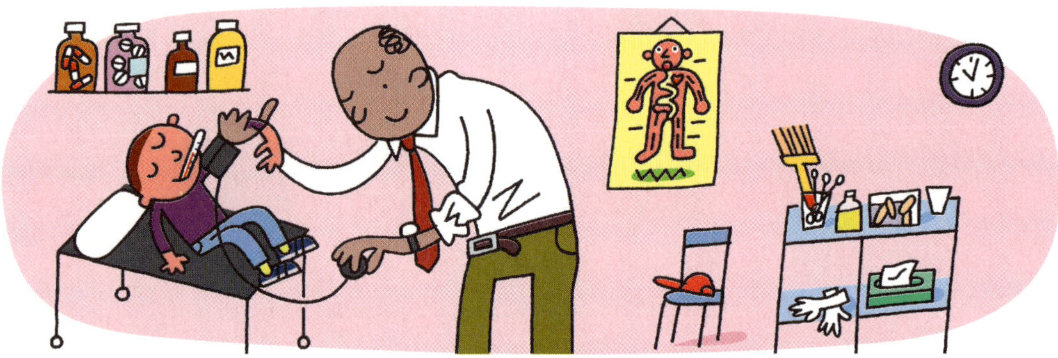

Den Pinsel braucht der Maler, nicht der Arzt.

Den Schneebesen braucht der Konditor, nicht der Maler.

Gib dem Angler, dem Baby und dem Hund zurück, was sie verloren haben.

Lösung: Angler: Angelrute, Baby: Fläschchen, Hund: Knochen

Die richtige Reihenfolge

Manche Dinge muss man nacheinander und in einer bestimmten Reihenfolge erledigen.

So baut man ein Haus:

Man zeichnet einen Plan.

Die Mauern werden gebaut.

Das Dach wird gedeckt.

Man kann es schön anmalen.

Jetzt ist es fertig.

Wenn man es nicht richtig macht, stürzt das Haus ein.

Bevor sie in Blüte steht, ist eine schöne Blume ...

1. ... erst ein kleiner Samen in der Erde. 2. Die Wurzeln sprießen. Ein Blatt wächst aus dem Boden. 3. Eine Knospe erscheint. 4. Die Blume blüht.

Der Frosch ...

... ist zuerst eine Kaulquappe. Dann wachsen Beine. Der Schwanz verschwindet.

In welcher Reihenfolge zieht Max sich an?

Lösung: 4, 6, 1, 3, 2, 5

SPIELEN UND RÄTSELN

1

2

3

4

5

6

Lösung: 2, 1, 3, 4, 6, 5

Lösungen: 1. b, c, f, h, l, m, n. 2. a, g, o, q, r. 3. d, e, i, j, k, p

Schau genau!

Schau genau, wo die Tiere und Kinder sind.

Wer ist drinnen?
Wer ist draußen?

Wer ist oben?
Wer ist unten?

Wer ist vorne?
Wer ist hinten?

Wer ist auf dem Tisch?
Wer ist unter dem Tisch?

Zeige, wer oben, wer unten und wer in der Mitte ist.

Welche Schmetterlinge sind im Netz?

Links oder rechts?

Unser Körper hat zwei Seiten. Auf der linken ist unser Herz. Die andere Seite ist die rechte Seite.

❶

Arthur hebt sein linkes Bein.

❷

Nina trägt an der linken Hand einen Ring.

❸

Linda hält ihren Schirm mit der rechten Hand.

❹

Mara trägt ihre Tasche über der linken Schulter.

❺

Leon kickt den Ball mit dem linken Fuß.

1. Nach welcher Seite biegt das gelbe Auto ab?

2. Nach welcher Seite biegt das grüne Auto ab?

3. Auf welcher Seite steht Lolas blaues Haus?
4. Auf welcher Seite steht Marcos rotes Haus?

Lösungen: 1. nach rechts, 2. nach links, 3. links, 4. rechts

Sitzen oder stehen?

Man kann sitzen, stehen, liegen ... Was ist deine Lieblingshaltung?

Beschreibe, welche Haltung die Kinder einnehmen.

Paul will zum Sandkasten. Wie kommt er dorthin?
Ruth will zur Brücke. Wie kommt sie dorthin?

1, 2, 3 ...

Um zu wissen, wie viele Dinge oder Personen da sind, zählt man sie.

1. Wie viele Flugzeuge sind auf dem Karussell? Und wie viele Boote?

2. Wie viele Luftballons hat Lulu?

3. Wie viele Kinder fahren Karussell?

4. Wie viel Zuckerwatte hat Jana gekauft?

Lösungen: 1. 6 Flugzeuge, 5 Boote; 2. 1 Luftballon; 3. 10 Kinder; 4. 4-mal Zuckerwatte

5. Wie viele Bäume siehst du?

6. Wie viele Gondeln hat das Riesenrad?

7. Wie viele Räder hat das Motorrad?

8. Wie viele Leute stehen Schlange?

9. Wie viele Monsterköpfe zählst du?

Lösungen: 5. 3 Bäume, 6. 8 Gondeln, 7. 2 Räder, 8. 9 Leute, 9. 7 Monsterköpfe

Wie viele?

In einer Sprechblase ist ein Fehler. Welche ist es?

Lösung: Der gelbe Vogel hat nur 3 Eier gelegt.

Richtig zählen

Im täglichen Leben müssen wir sehr oft zählen.

1. Tom braucht für seinen Kuchen 6 Eier. Sind noch genug übrig?

2. Hat Lola genug Teller mitgebracht?

3. Um wie viele Felder kann Simon vorrücken?

4. David hat Geburtstag. Wie alt ist er?

5. Wie viele Kinder steigen in den Bus ein?

Lösungen: 1. Nein, eins ist zerbrochen. 2. Es ist sogar einer zu viel. 3. Um 2 Felder. 4. 5 Jahre. 5. 6 Kinder

1, 100, 1000 ...

In einer Familie sind nicht so viele Leute wie in einem riesigen Fußballstadion.

In dieser Familie gibt es 1 Papa, 1 Mama und 3 Kinder.

10 Kinder feiern Geburtstag.

Am Musikunterricht nehmen 30 Kinder teil.

Hier spielen 100 Kinder.

In diesem Kinosaal haben 300 Zuschauer Platz.

Zum Fußballspiel sind 1000 Fans gekommen.

SPIELEN UND RÄTSELN

Lösungen: 1. falsch, 2. richtig, 3. falsch, 4. richtig

1. 6 Hunde sind beim Seilspringen.
2. Es gibt 3 Trapezkünstler.
3. Der Clown jongliert mit 4 Bällen.
4. Der Zauberer holt 3 Tauben aus dem Hut.

Der Händler hat nur noch 9 Tomaten, 5 Karotten und 6 Kartoffeln. Stimmt das?

Lösung: ja

Welcher Geburtstagskuchen ist für welches Kind?
7
9
5
8
6
3

Mehr, weniger oder gleich?

Man vergleicht, um zu wissen, ob eine Menge größer als eine andere ist.

1. Hat ein Motorrad mehr oder weniger Räder als ein Auto?

2. Hat Kevin mehr oder weniger Murmeln als Kirsten?

3. Hat Pauline mehr oder weniger Birnen als Thomas?

Lösungen: 1. weniger Räder, 2. weniger Murmeln, 3. mehr Birnen

4. Sind die Katzen zahlreicher als die Mäuse?

5. Welche Mannschaft hat mehr Spieler?

6. Was fällt dir auf, wenn du die beiden Teller vergleichst?

4. ja, 5. die rechte Mannschaft, 6. Auf beiden sind gleich viele Erdbeeren.

Größer, kleiner oder gleich?

Vergleiche und prüfe was richtig und was falsch ist.

1. Die Trittleiter ist höher als die Sprossenleiter.

2. Julius ist größer als seine Schwester.

3. Der Junge mit dem Eimer ist dünner als der Junge mit dem Schwimmreifen.

4. Die Giraffe ist so groß wie der Baum.

5. Die Katze ist so weiß wie Schnee.

Lösungen: 1. falsch, 2. richtig, 3. richtig, 4. richtig, 5. richtig

6. Der Elefant ist so schwer
wie das Auto.

7. Das Haus ist niedriger als
die Wolkenkratzer.

8. Der Hund ist kleiner als der Wolf.

9. Der Dinosaurior ist
kleiner als der Tiger.

10. Paula hat ein rotes Tutu.
Sie ist dünner als Mona.

11. Der Gepard läuft so schnell wie die braunen Autos.

6. falsch: Er ist schwerer, 7. richtig, 8. richtig, 9. falsch, 10. richtig, 11. richtig

SPIELEN UND RÄTSELN

Lösung: Auf dem unteren Bild ist 1 Baum weniger, aber 1 Ente, 2 Murmeln und 1 Eiskugel mehr.

a
b
c
d
An welchem Stand sind ...
1. ... die meisten Tomaten?
2. ... die meisten Karotten?
3. ... die wenigsten Kartoffeln?
Lösung: 1c, 2c, 3c

Mehr!

Wenn man etwas hinzugefügt hat, kann man zählen, wie groß die Menge jetzt ist.

6 Tiere tanzen im Kreis.

2 Tiere wollen noch mitmachen.

Wie viele Tiere tanzen jetzt zusammen?

Lösung: 8

Miriam spielt mit
6 Murmeln.

Frank spielt mit
4 Murmeln.

Wie viele Murmeln haben Miriam und Frank zusammen?

Lösung: 10

❶ ❷ ❸

Welches Würfelpaar zeigt die meisten Augen?

Lösung: 1

Weniger!

Wenn man etwas wegnimmt, kann man zählen, wie viel übrig geblieben ist.

Im Becken schwimmen 6 Boote.

2 Kinder gehen mit ihren Booten nach Hause.

Wie viele Boote sind noch da?

Lösung: 4

Wie viele Eistorten haben die Kinder gegessen?

Lösung: 3

10 weniger 4 Kugeln: Wie viele bleiben übrig?

Lösung: 6

Schau dir die beiden Bilder gut an. Wie viele Tiere fehlen auf dem unteren?

Lösung: 3 Tiere (1 Ente, 1 Elefant, 1 Affe)

Die Zahlen

1, 2, 3, 4, 5 ... sind Ziffern oder Zahlen. Sie können uns helfen, etwas oder jemanden wieder zu finden.

Alle Fußballspieler haben Nummern auf ihren Trikots. So können der Schiedsrichter und die Zuschauer sie besser auseinander halten.

Die Seiten eines Buchs haben Zahlen, damit man sie leicht wieder finden kann.

Die Häuser haben Zahlen, damit man zu den Leuten hinfindet.

Jeder Telefonanschluss hat eine bestimmte Abfolge von Zahlen als Telefonnummer.

Vom Ersten zum Letzten

Der Erste ist der, der vor allen anderen kommt. Der Letzte ist der, der am Schluss kommt.

Zeige, wer hier Erster und wer Letzter ist.

Tom ist Erster. Richtig oder falsch?

Lösung: Falsch, Paul ist Erster.

1. Familie Hase lebt im ersten Stock.
Familie Giraffe lebt im zweiten Stock.
Familie Schimpanse lebt im dritten Stock.
Richtig oder falsch?

2. Welche Zahl trägt das Pferd, das als erstes ins Ziel läuft? Als zweites? Als drittes?

Lösungen: 1. richtig, 2 6, 4, 10

Wie groß bist du?

Um zu wissen, wie groß man ist, kann man sich messen. Messlatten geben die Größe in Metern (m) und Zentimetern (cm) an.

Anton ist 2 Jahre alt.
Er ist 85 cm groß.

Alice ist 4 Jahre alt.
Sie ist 1 m groß.

Luis ist 10 Jahre alt.
Er ist 1,40 m groß.

Kleine Dinge misst man in Zentimetern (cm).

Der Bleistift ist 15 cm lang.

Große Entfernungen misst man in Kilometern (km).

Die Schule ist 1 km vom Spielplatz entfernt.

Große Dinge misst man in Metern (m).

Dieses Fahrrad ist 1 m lang.

Dieses Auto ist 5 m lang.

Dieser Zug ist 25 m lang.

Wie viel wiegst du?

Das Gewicht misst man mithilfe einer Waage.

Die Tüte mit Mehl und die Tüte mit Zucker wiegen beide 1 kg.

Der große Hans wiegt 20 kg.

Der kleine Hans wiegt 10 kg.

Hans kauft 2 kg Äpfel.

Das Gewicht sehr leichter Dinge gibt man in Gramm (g) an.

Dieser Brief wiegt 18 g.

Das Gewicht sehr schwerer Dinge gibt man in Tonnen (t) an.

Dieser Elefant wiegt 5 t.

Die Temperatur misst man mit einem Thermometer in Grad (°) Celsius.

Arthur hat Fieber.
Seine Temperatur beträgt 39°.

Fabian ist fit.
Seine Temperatur beträgt 37°.

Es ist Sommer und 25° warm. Kim trägt ein T-Shirt.

Es ist Winter und 5° kalt.
Lola trägt ihren Mantel.

Flüssigkeiten misst man in Litern (l).
In viele Flaschen passt genau 1 Liter.

SPIELEN UND RÄTSELN

Lösung: Jeremias, Sarah, Helene, Marie, Jonathan, Isabel, Jakob

Lösung: Feder, Mehl, Kartoffeln, Arko, Michael, Auto, Lastwagen

Rund um Uhrzeit, Tag und Jahr

Tag und Nacht

Den Tag teilt man ein in Morgen, Vormittag, Mittag, Nachmittag, Abend und Nacht.

Die Sonne geht auf. Es ist Morgen.

Oskar wacht auf.

Er frühstückt.

Das ist sein Kindergarten.

Alle malen.

Mittags essen alle zusammen.

Nachmittags wird gespielt.

Um 4 Uhr nachmittags gehen alle nach Hause.

Oskar spielt in seinem Zimmer.

Dann badet er.

Die Sonne geht unter. Es ist Abend.

Jetzt gibt es Abendessen.

Papa liest ihm eine Geschichte vor.

Oskar schläft. Es ist Nacht.

Die Erde und die Sonne

Die Sonne wandert während des Tages über den Himmel. Sie zeigt uns die Tageszeit an.

Der Tag fängt an, wenn die Sonne aufgeht. Es ist Morgen. Die Sonne steigt immer höher.

Mittags steht die Sonne am höchsten. Danach sinkt die Sonne langsam.

Am Abend geht die Sonne unter.

Jeden Tag sehen wir, wie die Sonne aufgeht, über den Himmel wandert und wieder untergeht. In Wirklichkeit aber bewegt sich die Sonne nicht. Die Erde dreht sich wie ein Kreisel vor der Sonne um sich selbst.

In einem Tag und einer Nacht dreht sich die Erde einmal um sich selbst.

❶

In Europa ist es Tag, wenn diese Seite der Erde der Sonne zugewandt ist. Auf der anderen Seite der Erde ist es dann Nacht.

❷

Nach einer halben Drehung der Erde ist es in Europa Nacht.

❸

Am nächsten Morgen ist es in Europa wieder Tag.

Stunden, Minuten, Sekunden

Um zu wissen, wie lange etwas dauert, zählt man die Stunden.

Es dauert 1 Stunde, bis der Kuchen fertig gebacken ist.

Der Vormittag im Kindergarten dauert 3 Stunden.

Diese Kinder schlafen 11 Stunden lang.

Wenn etwas nicht sehr lange dauert, misst man die Zeit in Minuten.

Ein Ei weich zu kochen dauert 4 Minuten.

Die Kinder spielen 15 Minuten Ball.

Eine Halbzeit beim Fußball dauert 45 Minuten.

Wenn etwas nur sehr kurze Zeit dauert, misst man die Zeit in Sekunden.

Einmal in die Hände klatschen dauert 1 Sekunde.

Ein guter Läufer braucht für 100 m nur 10 Sekunden.

Die Woche

Eine Woche dauert 7 Tage. Jeder Wochentag hat einen eigenen Namen.

Am **Montag** schwimmen die Kinder.

Am **Dienstag** machen sie in der Turnhalle Gymnastik.

Am **Mittwoch** haben sie bei schönem Wetter draußen Sport.

Am **Donnerstag** singen sie im Chor.

Am **Freitag** proben sie für ein Theaterstück.

Am **Samstag** gehen sie mit ihren Eltern einkaufen.

Am **Sonntag** gehen sie im Wald spazieren.

In den Ferien kann man jeden Tag spielen.

Das Jahr

Ein Jahr hat 12 Monate. Jeder Monat trägt einen eigenen Namen.

Am 1. **Januar** beginnt ein neues Jahr.

Im **Februar** ist Karneval.

Im **März** ist Frühlingsanfang.

Viele Tierkinder kommen im **April** zur Welt.

Im **Mai** blühen die Bäume.

Ende **Juni** sind viele Kindergartenfeste.

Im **Juli** ist es oft heiß.

Im **August** fahren viele Leute an den Strand.

Im **September** sind keine Ferien mehr.

Am 31. **Oktober** ist Halloween.

Im **November** ist Herbst. Die Blätter fallen von den Bäumen.

Im **Dezember** schmückt man den Weihnachtsbaum.

Tage, Monate, Jahre

Etwas kann lange oder nur kurz dauern.

Karneval feiert man einige Tage.

Das Jahr hat 4 Jahreszeiten. Jede Jahreszeit dauert 3 Monate.

Winter

Frühling

Sommer

Herbst

Zwischen zwei Geburtstagen liegt 1 Jahr.

Ein Katzenbaby wird in 6 Monaten groß.

Ein Baby bleibt 9 Monate im Bauch seiner Mutter.

Die Uhrzeit

Suche alle Dinge, die die Uhrzeit angeben.

Lösung: die Armbanduhr, die Standuhr, die Bahnhofsuhr, das Handy

Der kleine Zeiger der Uhr zeigt die Stunden an.

Es ist 1 Uhr.

Es ist 3 Uhr.

Es ist 8 Uhr.

Der große Zeiger zeigt die Minuten an.

1 Uhr und 5 Minuten.
Es ist 5 nach 1.

1 Uhr und 10 Minuten.
Es ist 10 nach 1.

1 Uhr und 15 Minuten.
Es ist Viertel nach 1.

1 Uhr und 20 Minuten.
Es ist 20 nach 1.

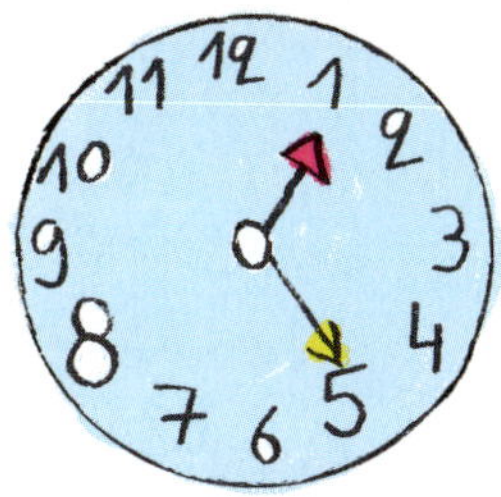

1 Uhr und 25 Minuten.
Es ist 5 vor halb 2.

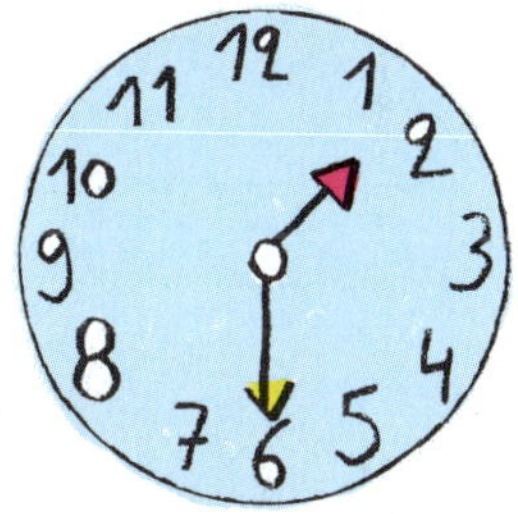

1 Uhr und 30 Minuten.
Es ist halb 2.

1 Uhr und 35 Minuten.
Es ist 5 nach halb 2.

1 Uhr und 40 Minuten.
Es ist 20 vor 2.

1 Uhr und 45 Minuten.
Es ist Viertel vor 2.

1 Uhr und 50 Minuten.
Es ist 10 vor 2.

1 Uhr und 55 Minuten.
Es ist 5 vor 2.

Wie spät ist es?

Lösung: Es ist 2 Uhr.

SPIELEN UND RÄTSELN

Lösung: 1 und 6, 2 und 8, 3 und 9, 7 und 10

Lösung: 1. Nacht, 2. Vormittag, 3. Abend, 4. Morgen

1

2

3

4

5

Lösung: 1. Herbst, 2. Frühling, 3. Winter, 4. Sommer, 5. Sommer